모래의 밥상

노준옥 시집

노준옥 시인

부산출생으로 단국대 영문과를 졸업하고 2001년 계간 『시와사상』으로 등단하였다.
현재 『시와사상』의 편집장을 맡고 있으며 부산작가회의 회원으로도 활동하고 있다.
sayusoo@hanmail.net

시와사상 시인선 14

모래의 밥상

노준옥 시집

시와사상사

시인의 말

끝나지 않을 Self-portrait 놀이

나도 아니고
입술도 아닌 것이

길바닥에 툭, 떨어진다

2011년, 6월, 노준옥

차 례

모래의 밥상

차 례

모래의
밥상

■ 해설

나는 그녀를 연구한다

숙은 사람처럼 발목만 드러내놓고
잠을 자는 그녀, 그녀, 그녀
나는 그녀를 연구한다
그녀는 연구할 만해

발목을 내놓고 자면서
다른 그녀는 외출을 보낸다네
다른 그녀는 쇼핑을 하고
다른 그녀는 편지를 써야 하네
다른 그녀는 아이에게 젖을 주고
다른 그녀는 크리스탈 모텔에서 밀회를 한다네

그녀는 하나로는 안 돼
입도 코도 하나로는 안 돼
심장도 쓸개도 하나로는 안 돼
몸뚱어리도 그러니 하나로는 안 돼

세포분열처럼 번지는 그녀
날마다 몸이 자라고 날마다 새끼를 낳는 그녀
날마다 딸을 버리는 그녀

질긴 껍데기에 구멍이 난 그녀
끊임없이 변하는 그녀
아메바 같은 그녀

죽은 사람처럼 발목만 드러내놓고
언제나 잠만 자는 그녀, 그녀, 그녀
나는 그녀를 연구한다
그녀는 연구할 만해

모래의 밥상

지구가 대답하기를 기다려
백만 년 동안 모래로 살아온 모래를 아니?

내가 차린 밥상은 모래의 밥상
모래로 집을 짓고
모래로 밥을 지어
우린 겸상을 하지
모래로 당신을 만들어
밥을 떠먹이지
노래도 불러주지

백만 년 동안 내가 너에게 사랑한다 말해도
넌 알아듣지 못할 거야
백 년 동안 너의 발을 씻겨주어도
천 년 동안 무릎에 앉혀 밥을 떠먹여줘도
넌 배가 고프고
넌 웃지 않을 거야
날 쳐다보지 않을 거야
새털구름만 보고 있을 거야
날 알아보지 못할 거야

백만 년 동안 모래로 살아온 모래를

침울하고 창백한 포도나무가 있는 장면

나는 빵 굽는 기계가 있어요
3시간 15분이 걸린답니다
나는 열심히 친구를 찾지 않는답니다
오른손으로 왼손을 그릴 뿐이지요
박쥐와 지네와 무당벌레가 지나간 길을 찾아보지만
사냥은 정말 싫어하지요
장님 길잡이 노릇도 하지 않구요
나에겐 썰매 끄는 고양이도 없어요
누군가 페인트를 새로 칠하고 꽃을 심고 그림을 그리네요
교향곡도 작곡하고 신기하게 이쁜 아기도 낳고 기르는군요
하지만 나에겐 침울하고 창백한 포도나무가 하나 있어요
늘 점성술사를 곁에 두고 내가 볼 수 없는 것만 바라보지요
한밤중에 잠을 깨도 포도나무의 얼굴을 본답니다
아무도 포도의 비밀을 참지 못해요
포도나무는 자신을 알아선 안 되지요
나는 아무 일도 없고 아침에 일어나 빵을 구워요

너에게 포도주를 금지한다

온순한 뇌에는 장미를 심고
노래를 불러 물고기를 잡을 때

너에게 포도주를 금지한다
상냥함을 금지한다
식탁에 비스듬히 앉은 자세를 금지한다
팔짱을 끼는 것을 금지한다
꽃장수 수마나의 여덟 꽃다발을 금지한다
불안의 책을 금지한다
둥근 침대를 금지한다
너에게 풍차 무늬의 잠옷을 금지한다
아라비아 댄스를 금지한다
치마에 묻은 젖은 얼룩을 금지한다
랜턴을 금지한다
아침 일곱 시를 금지한다

성가곡을 들으며 나비는 죽어가고
무덤 속에도 목소리가 따라온다

오후 네 시에 해야 할 일

애도의 시간이 필요할까요
그의 머릿속에는 빙글빙글 지구본이 있어요

겸상을 하다 뻐꾸기 소리를 들은 사람은
뻐꾸기시계를 믿지 못해요

구름을 무서워하는 페르시안 고양이를 위해
오후 네 시에는 따끈한 우유를 준비하세요

길어진 손가락으로 크레타 섬에 점을 찍고
활짝 핀 우산 위로 적막을 뿌리세요

피아노 앞에 앉아 몰래 러브레터를 쓰세요
다시는 만나지 않겠다고 이별을 고하세요

뼈다귀만 올려놓은 밥상에 숟가락을 들까요

필요한 사람

나는 구름에 필요한 사람
안개 낀 거리에는 꼭 등장하지요

나는 일기예보에 필요한 사람
흐린 날은 허리에 밧줄을 메고 공중을 날아다녀요

나는 1인용 식탁에 꼭 필요한 사람
스파게티에 코를 처박고 핑킹가위를 찾아요

나는 타이핑에 필요한 사람
온라인 무료상담을 하고 1박 2일 여행계획을 세워요

나는 세계지도에 꼭 필요한 사람
국경검문소 동쪽 통로에 기대어 거울 속의 패션쇼를 보지요

나는 해독작용에 필요한 사람
돌미나리 캐서 새끼 양의 눈물을 닦아주지요

자장가

언젠가 내가 너의 손목을 싹둑 잘라버리면
넌 잠들 수 있겠니?

언젠가 내가 바다 바로 옆방에 너를 누이고 분홍 알약을 먹이면
넌 잠들 수 있겠니?

그러면 너의 손목엔 다시 예쁜 손이 자라나고
그러면 넌 파도를 덮고 눈을 뜨고 잘 테지?

그런데 언젠가 언젠가 내가 널 버리고 자장가를 불러주지 않아도
넌 정말 혼자 잠들 수 있겠니?

저녁의 질투

이제는 보드는 말을 할 시간

오래 감추어둔 너의 말을 꺼내렴

눈썹 그늘 밑으로 구름은 지나가고

어린 염소는 두 번 울고 갔다

접시에 목단꽃을 부치고

뜨거운 바늘로 뜨개질을 하렴

입술이 부풀어 오른 기억이 물을 찾는 시간

한 뜸 한 뜸

숨 막힌 꽃이 오고 있다

나는 얼룩무늬 양말을 사랑해

나는 얼룩무늬 양말을 사랑해

말을 타듯 양말을 신어

난 아무 데도 없는 사람

여기 아닌 곳 나 아닌 곳에 있지

난 육감적이고 난 떠돌이

도서관 있는 호텔을 좋아하고

얼룩무늬를 사랑하지

말을 타고 밤새 아프리카 초원을 질주하지

얼음 지붕에 불을 지르고 도망가지

파도소리 드높은 테라스에서

발가벗고 바다를 내려다보지

나는 얼룩무늬 양말을 사랑해

구름을 타고 양말을 신어

북어책을 읽다

중학생이 된 아들 녀석의 책상을 치우는데
삐죽이 나온 교과서 한 권
제목이 중학교 1학년 1학기 〈북어〉???
자세히 보니 〈ㄱ〉이 〈ㅂ〉으로
굵은 싸인펜으로 교묘히 위조된 〈국어〉책이다
그러니까 신입생이 된 아이는 여지껏
국어가 아닌 북어 한 마리를 가방에 넣고
학교에 왔다 갔다 한 것이다
국어시간엔 지리멸렬한 국어책 대신에
웃고 있는 북어 한 마리를 책상에 꺼내놓고
난 국어보다 북어가 좋아요 난 북어를 공부할래요 하며
속으로 은근히 키득거렸으리라
국어 선생님을 북어 선생님으로 보며 혼자 즐거웠으리라
국어가 〈북어〉가 되고 국사는 〈국자〉가 되는
미술은 〈마술〉이 되고 음악은 〈음란〉이 되는
도덕은 〈돈떡〉이 되고 윤리는 〈윤락〉이 되는
아이들의 이 깜찍한 삶의 패러디
나도 씁쓸히 웃으며 〈북어〉책을 뒤적여본다

마스크

오늘은 너를 모를게

얼굴을 뒤집어봐

눈빛은 제자리에 두고

시간을 열어야지

숨죽여 숨을 쉬어봐

어느 나라로 가겠니

바타니아로 같이 가주겠니

뜨거운 거미가 되어보겠니

난 너를 모르지

알면 안 되지

애달픈 입술은 달콤한 포도즙

손가락은 몹시 쓸쓸한 표정이야

심장을 꺼내봐

큰소리로 울어봐

오늘은 너를 모를게

달 호텔

내 꿈은 오백오십 실
네 꿈은 육백육십 살
오, 이제야 우리 제대로 만났군
어디서 뭘 잃어버리고 왔나
입술에 피가 묻었네

드디어 알 거 같아 우리 관계의 시초를
네가 왜 밤하늘을 보고 울부짖었는지
얼음바닥에 승냥이로 내동댕이쳐졌는지

우린 행복해져선 안 돼
완성되어서도 안 돼
오늘도 내일도 팔만 가지 체위를 죽도록 연습해야 해

달 호텔로 가자 자장가를 불러줄게
무서워하지 마 네 꿈을 끝장내줄게
넌 오백오십 살 난 육백육십 살

김치 크리스마스

바슐라르를 읽다가 갑자기 부엌으로 가서
김장김치 한 포기를 썰지도 않고 죽죽 찢어 서서 먹는다
입안에 가득 한겨울 시린 배추밭이 들어온다
새파란 무청 줄지어선 무밭도 들어오고
붉은 고추밭도 총총한 마늘밭도 다들 살아서 들어온다

어쩌구저쩌구 고매한 정신에 밑줄 따라 그어가며
한량없이 좇아가던 나의 정신에 느글거리던 이론에
과감히 고춧가루를 뿌리는 이 한밤의 역설

허구에 시달리며 또한 허구에 목마른 나는
이 긴긴 동짓달 하룻밤을 아름다운 사색으로 채우려 했건만
나의 정직한 식욕은 실체를 원했던 것이다
시뻘건 고춧가루와 노오란 마늘과 시퍼런 파와 청각과 가지가지의 재료들이
망상과 그리움과 고단함과 분노와 욕망과 회환과 무료함과 간절함과

익어가는 여인의 허연 장딴지 같은 배추의 속살에
범벅이 되어
불현듯 아름다워진 나의 크리스마스 저녁

바슐라르 선생
꿀꺽 침을 삼키며 날 쳐다보고 있다

아플 때가 되었다

어두워지는데 그녀는 외출 준비를 한다 벽에게 절을 하고 애기 거북에게 먹이를 준다 책상 위 〈41세의 붓다〉에게 찡긋 인사를 하고 새로 산 자전거는 자물쇠를 채운다 그녀는 길을 걷는다 잠시 모과나무 그늘에 주저앉아 상반신이 잘린 화면을 본다 끈 풀린 운동화와 청바지가 지나간다 지퍼가 열린 청춘들이 지나간다 그녀는 들뜨지 않는다 난간 없는 다리 근처 그녀가 서성거린다

…살생중죄 금일참회…투도중죄 금일참회…사음중죄 금일참회…중얼거리며 그녀는 다시 흐른다…깊이 흐른다…백겁적집죄…일념돈탕진…한번만 외워도 죄가 소멸한다 하네….죄무자성종심기…심약멸시죄역망….죄는 죄가 아니라 하네…천수경이 그녀를 달랜다…나한羅漢의 여인이 되려 오백생五百生이나 흔들리며…나무다리를 아슬아슬 건너온 그녀의 사랑이…길바닥 포장마차에서 지글지글…익어가고 있다…뜨거운 철판 위에서 꿈틀꿈틀…까맣게 타고 있다

그녀는 이제 아플 때가 되었다

내가 가진 것

내게는 왼쪽 귀를 앓는 아들과 불면증이 있는 남편이 있다. 정신병원에서 약을 타 먹어야하는 어머니가 있고 이혼의 위기에 처한 동생이 있다. 내게는 부도가 나고 택시기사가 된 오빠가 있고 어릴 때 집을 나가 소식 없는 소아마비의 언니가 있다. 나를 건너간 숱한 연인들과 하루 종일 나의 전화만을 기다리며 애태우는 싱싱한 젊은 애인들이 있다. 나를 친구로 등록한 아홉 명의 채팅클럽 팬들과 내가 친구로 지명한 스물 세 명의 친구가 있다.

내게는 적막한 세상 한 끝으로 달려가 영영 숨어버리고 싶은 돌아오고 싶지 않은 강렬한 유혹이 있다. 열여덟 시간을 날아가는 비행기 표를 예약할 비상금이 든 자유저축 예금 통장이 있다. 내게는 망치로 잘게 부순 듯 가루가 되어버린 몹쓸 기억이 있고 불륜에 대한 알 수 없는 강박관념이 있다. 신호등 앞에서 어딘지 갈 바를 모르는 추위에 겹쳐 신은 〈천년을 산 것보다 더 많은 추억〉이 있다. 누구는 어미를 잃어버린 거미 새끼를 보고 안쓰러이 쓸어내며 눈물지었다는데 내게는 나를 담금질해버린 나를 말

없이 쓸어내버린 비디오가 있다. 단막극이 있다.

내게는 길지도 않는 팔을 둘러 스스로 내 몸을 껴안아 보는 숭스런 자기연민이 있다. 창창한 푸른 하늘만이 전부였던 깊은 우물의 신음소리가 있다. 나의 하루를 몰래카메라로 훔쳐보며 키득거릴 또 다른 내가 있고 통쾌해서 박수를 치다가 가여워 눈물을 흘리는 또 다른 내가 있다.

문에 끼인 사나이

이제 보던 책을 여니
낯익은 한 사나이가 반쯤 문에 끼여 있다
76페이지와 77페이지 사이에
표정도 안쓰러이 멈춰 있다
반쯤 열린 문으로 남은 생을 쓰윽 밀어 넣다
그만 온몸이 끼어버렸다
자세를 보니 애초엔 오른발만 들이민것인데

이 남자는 77페이지에서 뭘 찾으려던 것일까
76페이지에 없던 그 무엇을 찾으려 했을까
문자에서 인생을 찾으려 하다니
우스꽝스런 일이지

77페이지로 가려던 남자는 모른 체하고
그냥 성큼 한 페이지 건너뛴다

비빔밥에 대한 반성

아가, 오늘 하루도 잘 지냈니?
간장에 비벼서 밥은 잘 먹고?

엄마는 오늘도 인생을 배우러 나갔다 왔단다
전철을 타고 이 칸에서 저 칸으로 기어 다녔지
뱀이 되었다가 송충이가 되었다가
해가 지면 꽃 파는 여인도 되었다가
인생은 아름다워 그런 노래도 부르고

왜 자는 시계 바늘은 돌려놓고 나간 거지?
인생은 고달픈 거라구?
나는 다 알아
이제 비빔밥은 절대 먹지 않을 거야

어서어서 늙어서, 더 늙어서
병들어서, 깊이 병들어서
죽어서, 한 번 더, 죽어서

엄마 노릇 제대로 해봐
사람 노릇 제대로 해보라구

道를 아십니까

가는 길을 막고 낯선 이가 묻는다
道를 아십니까
번득이는 눈빛이 섬뜩하다
20대의 평범한 그 남자의 앞엔
지금 어떤 길이 펼쳐져 있다는 걸까
길을 모르는 나는 말한다
道를 아는 道人이여
차라리 내게 물어다오
苦를 아십니까 하고
그러면 대답하리라
道보다 苦를 먼저 안다고
苦의 이름과 苦의 얼굴을 안다고
길을 몰라 고통에게 묻는다고
고통의 아름다운 미간을 따라
고통의 마디마디 관절을 붙들고
길을 찾는다고
절룩절룩 찾아가고 있다고

〈봉인된 시간〉의 퇴고

– 〈바슐라르를 읽다가〉보다
– 〈봉인된 시간을 읽다가〉 이게 더 낫지 않나
시 한 편을 쓰다가 헬스장 러닝머신 위에서 퇴고를 한다
심장박동 138 시속 6.6킬로로 걸으면서
머릿속 러닝벨트에 미완성된 시가 주르륵 펼쳐진다
– 인용하기엔 안드레이 타르코프스키가 더 낫지 않은가
– 바슐라르는 이미 너무 낡지 않았나
속도에 맞춰 나의 편집실도 빠른 이동을 하고 있다

그러나 누가 감히 시간을 퇴고할 수 있겠는가
시간 위에서 시간을 잘라낼 수 있겠는가

세기의 고매한 사상가와 멋진 예술가들이 인용되고 표절되고 있는데
내가 그 이름 한번 빌려온다 한들
누가 뭐라 하겠는가
그 유명한 〈봉인된 시간〉을 열어보지도 못했다는 걸
열다가 뒤로 넘어졌다는 걸

누가 알겠는가 또 알면 어떤가
그 시간이 내 시간이 아니었을 뿐인데
내 앞에 완강히 봉인되었을 뿐인데

– 그러나저러나 마지막 연에서 흰 수염이 난 바슐라르 선생보다는
– 검은 콧수염의 안드레이 타르코프 씨가 더 멋지지 않나
러닝머신은 계속 러닝을 하고
달리는 시도 서서히 땀방울이 맺히고 있다

공작시간

일생 동안 몸이 없는 나는 멋진 몸 하나 만들기 위하여 갑자기 동분서주하였다. 서성거리는 마음 울퉁불퉁한 마음 불타는 마음 탱탱한 마음 떠도는 마음만으로 전전긍긍하며 뒤죽박죽 시간을 반죽하던 나는 온화하고 평화로운 호흡과 규칙적인 심장의 박동이 필요하였다. 튼튼하고 온전한 뇌도 필요하였다. 몸으로만 단순히 살고 싶은 나는 마음대로 쭉쭉 뻗는 발랄하고 싱싱한 팔다리가 있어야 했다.

커다란 마분지를 펼쳤다. 우선 다이나믹 헬스클럽에 가서 에너지 넘치는 완벽한 몸통과 탄력 있는 엉덩이를 얻어왔다. 함부로 펄떡이지 않는 착하고 건강한 심장이 덤으로 따라왔다. 고뇌를 모르는 볼륨 있는 텅 빈 가슴도 제자리에 붙였다. 다음은 바비 인형가게에서 탐스럽고 늘씬한 팔다리를 가져왔다. 손톱 발톱까지 꼼꼼히 손질이 잘된 것으로 골랐다. 숱 많은 머리카락을 한 올 한 올 말아 올린 풍성한 비누거품 같은 헤어스타일은 보그 잡지에서 골랐다.

언제라도 내가 관심을 가지는 것은 얼굴이다. 쓰

게 달콤하게 웃는 얼굴, 비난에 젖은 매혹적인 얼굴, 숭고하며 탐욕적인 얼굴, 수줍으며 강인한 얼굴, 다 감추면서 완벽히 드러나는 얼굴, 얼굴 같은 가면, 가면 같은 얼굴, 길고 아름다울 얼굴을 덮어씌울 얼굴, 얼굴이 필요하다.

얼굴에 집착하다 공작시간이 얼마 남지 않았다. 얼굴이 없다. 어디에서도 가져올 얼굴이 없다. 가져올 수가 없다. 넘쳐나는 건 오고가는 멋진 팔다리의 행렬들, 허공을 휘젓는 손짓 발짓들뿐. 어디에나 오직 몸, 몸, 함부로 뒹구는 몸통들뿐이다.

나는 벽에 걸린 데스마스크를 뜯어내었다.

가벼운 노래

한때는 나도 가벼운 적이 있었어 어느 날은 둥둥 구름 속으로 빨려 들어가기도 했거든 피뢰침이 있는 꼭대기에 서서 천둥을 부르기도 하였지 어쨌거나 나는 너무 가벼워 가벼움을 견딜 수 없었어 땅에 발을 붙이지 못해 다리에다 말발굽을 달고 뚜걱뚜걱 소리를 내며 걷기도 하였지 허리에다는 꽃밭을 두르고 사철 꽃 피고 사철 꽃 지고 했었지 그것도 모자라 선덕여왕이 아끼던 귀걸이까지 훔쳐와 주렁주렁 늘어뜨리고 다녔지 뭐야 아무튼 난 땅에서 살고 싶었던 것이야 부질없이 둥둥거리지 말고 뿌리내리고 싶었던 거야 나무가 되든 잡풀이 되든 가만히 있고 싶었던 거지 시베리아 사람들처럼 일부러 씨앗을 먹지 않아도 나의 심장 무게는 지나치게 가벼웠던 거야 피는 돌지 않고 부풀고 자꾸 부풀기만 해 만리향 꽃 따라 얼마나 떠돌았는지 얼마나 가벼웠는지

뇌를 튼튼히

우선 나의 뇌를 튼튼히 해야겠습니다. 〈도덕은 뇌의 연약함〉이라니 심장은 펄떡이게 놔두고 무엇보다 뇌를 강하게 해야겠습니다. 그다음 진정제를 만들겠어요. 맛있는 진정제, 부드러운 진정제를 조제하겠습니다. 당신을 향한 그리움으로 내가 파괴되지 않도록 위험수위를 조정해줄 진정제를 찾겠어요. 아찔한 진통제를 아예 발명하겠어요. 아주 잘생긴 진통제, 자신만만한 진통제, 고집 센 진통제를 스무 알쯤 삼키겠어요. 머리를 흔들며 찬물에 꿀꺽하고 마시겠어요. 우선 무엇보다 나의 뇌를 강인하게 만들어야겠습니다.

저지를 수 있는 모든 죄를 견디겠습니다. 나를 하류로 흘러 보내겠습니다. 온갖 오류를 범하겠습니다. 갈가리 찢어 보이겠습니다. 벌건 대낮의 과오를 두 눈 뜨고 참혹하게 지켜보겠습니다. 그리하여 온전히 남아 있겠습니다. 당신을 위하여, 오직 당신만을 향하는 지긋지긋한 질긴 그리움을 위하여, 마디마디 시퍼런 핏줄 불거나온 그리움을 위하여.

반가사유로

나를 오늘 여기에 앉아 있도록 도와주지 않은 것이 있던가

멀미와 구역질과 저 구름과
비 오는 밤의 정전과 미친 봄날 한 조각과
들찔레와 여우 소리와 저 나비와
시궁창의 쥐새끼와 고양이의 파란 눈빛과
번개와 이슬과 물거품과 파도와 그림자와
너의 오온과
너의 아름다운 사대와
너의 색성향미촉법과

나를 나이도록 도와주지 않은 것이 있던가
이제 가만히 꺾어라 너의 손
저 아름다운 각도로

뜨거운 귀

엄마, 엄마 왼쪽 귀가 아파요,
뜨거워요, 터지려 해요,
피터가 울어요, 고양이가 울어요,
달팽이관에 피가 흘러요,
주르륵 까만 피가 흘러요, 무서워요,
엄마, 엄마 귀가 뜨거워요,
터지려 해요, 들리지 않아요,
달팽이가 커져요, 달팽이가 죽어요,
귀가 뜨거워요, 터져요,
엄마, 엄마, 무서워요 무서워요,

아가, 너의 달팽이관을 사왔어
한번 보렴 맘에 들지?
새파라니 아주 싱싱하지 않니?
살아 있는 거란다 새로 갈아 끼우거라
그리고 소중히 다루어야 해
이제 넌 잘 들릴 수 있을 거야
쓸모없는 달팽이관은 아주 뽑아버리렴
한 번만에 뽑아야 해 후유증이 없도록
자꾸 커져서 네 귀가 터져버릴지도 모르잖니?

얼른 없애버리렴
아가, 죽은 달팽이는 갖다 버리렴
이제 7년 전 잃어버린 피터도 잊어버리렴
울음소리는 이제 사라지고 귀도 뜨거워지지 않을 거야
넌 이제 잠들 수 있을 거야

광대학교

광대학교에선 날마다 뺨을 세내로 치는 법을 배워야 하고
종이로 만든 도끼는 사람 머리를 제 위치에 찍어야 한다
빈 술병에선 향기로운 포도주가 흐르고
탁자는 경이로운 각도로 날아야 하고
날이 새면 변심할 애정 행위에 촛불은 밤새 타올라야 한다
새벽 세 시 극장에는 불이 꺼지고
배우들은 옷을 벗고 그림자를 입는다
암탉을 안고 물속을 걷던 그의 영화에는 광대가 사라졌다
구구절절의 인생이 사라졌다

가위, 눌리는, 꿈

커다란 바위덩어리가 가슴을 누르고 있어 삼손처럼 천하장사처럼 힘껏 밀쳐보지만 다시 가슴을 슈우욱-슈우욱 짓누르니 어디 숨어 살고 있었는지 어디서 숨 쉬고 있었는지 줄무늬 죽죽 뾰족한 가시 자줏빛 아가미 찢어진 날개 온갖 물고기 한꺼번에 다 튀어나오고 있어 시퍼런 바다를 데리고 시커먼 파도를 데리고 둥둥 죽은 물고기로 떠도는데 떠돌았는데 저 퍼덕이는 몸부림이 피 튀는 날갯짓이 저 간절한 아가미질이 어디 숨어 있었던가

항상 여기가 아팠어 봉긋한 가슴과 가슴 사이 잘 드는 회칼로 쫘악 갈라 나쁜 피 뽑고 싶었어 부패된 내장 긁어내고 싶었어 썩는 냄새에 골이 아팠어 잠을 못 잤어 꿈이 없었어

시퍼런 바다가 시커먼 파도가 다시 오고 있어 줄무늬 죽죽 뾰족한 가시 자줏빛 아가미 찢어진 날개 다시 꿈속으로 오고 있어 퍼덕이며 피를 뿌리며 꿈속으로 오고 있어

이 아기는 나오려 하지 않는다

열 달이 열 번이 지나고 십 년이 열 번이 지났는데도
이 아기는 나오려 하지 않는다
깜빡깜빡 눈도 생기고 머리카락도 생겼는데
이 아기는 나오려 하지 않는다
손발도 생기고 손톱 발톱도 다 만들어졌는데
이 아기는 나오려 하지 않는다
나는 숨도 못 쉬고 아무 데도 가지 못하는데
이 아기는 내 심장에 들러붙어 할딱인다
양수는 터져 다 흘러가버렸다
자궁은 문이 닫혀버렸다
이 아기는 이제 더 이상 크지 않는다
이 아기는 울지 않는다
이 아기는 웃지도 않는다
이 아기는 말도 못하고 노래도 부르지 못한다
이 아기는 나오지 않는다
이 아기는 날마다 나를 빨아 먹고 잠을 잔다
탯줄을 감아쥐고 물끄러미 날 쳐다본다
이 아기는 나오려 하지 않는다
열 달이 열 번 지나고 십 년이 열 번 지나도
이 아기는 도대체 나오려 하지 않는다

복잡한 관계

그녀보다 밥을 좋아하는 남자 x와
밥보다 그녀를 좋아하는 남자 z 사이에 앉아
역시 소문자인 그녀 y는 밥을 먹는다

한 다리는 밥에 걸치고 한 다리는 그녀에게 걸친 남자 j와
어디에도 발을 걸치지 않고 허공에 뜬 마술사 남자 h를 앞에 두고
미끈한 그녀 q는 두 다리를 쭉 뻗어 스트레칭을 하고 있다

벽화 속으로 들어가버린 남자 v와
시간을 깡그리 암기해버린 남자 m을 시계처럼 벽에 걸고
실어증의 그녀 s는 종일 자판을 두드린다

이화여인숙

그런 곳에 사람이 살데
전철역 가까운 으슥한 장전동 골목길
스러질 듯한 이층집인데 한 달에 7만원씩 월세를 주고
그런 곳에도 사람이 살고 있데
좁다란 마당엔 동백나무도 추위 따라 한 그루 피워 올려놓고
어두워지니 방마다 불을 밝혀 환하데
이화라는 배꽃은 없어도 이화여인숙 불빛은 밝데
그런 곳에 사람이 들며나며 세상 한 귀퉁이 기워 나가고 있데
삐걱거리는 마루 어두운 층계를 조심조심 올라
다닥다닥 붙어 있는 방문을 열고
신발은 들고 들어가라데 그러곤
추억처럼 반듯이 선반에 올려 놓으라데
그런 방도 다 있데
천장 가운데 매달려 옆방과 함께 쓰는
누군가 와서 밝혀주기를 바라던 100볼트 30와트의 희미한 알전등
그 아래 어슴푸레한 옛사랑을 비추고 있는 때 묻

은 거울 하나
 바래진 꽃무늬의 노란 캐시미론 이불 한 채의 면적이 전부인
 요즘 세상에 그런 방도 다 있데
 요즘 세상에 그런 데서도
 축축하고 더러운 그 이부자리에서도
 지지직거리는 14인치 TV를 미처 끄지도 않고
 나누어야 하는 절박한 사랑도 있데
 길 앞에 세워놓은 여인숙 간판 같은
 그런 사랑이 남아 있었다 하데

타이핑

타다닥 타다닥, 탁, 타다타나, 탁탁,
당신의 몸에 나를 밀어 넣고
당신의 마음에 내 몸을 새겨 넣으려는

안간힘,

장미꽃다발이 열쇠를 숨긴 방으로 들어간다
동쪽으로 모세혈관을 풀어둔다

손가락의 온도가 높아지고
새벽 두 시는 섬세해진다
(나는 당신을 만날 수 있으려나?)

타다닥 타다닥, 탁, 탁, 타다다다다,
길어진 혀가 당신의 비밀번호를 더듬는다

아스피린

홀라후프를 돌리는 저녁
북극성에서 전화가 온다
나는 7시 10분, 나는 3시 40분
왼쪽으로 쿵, 하고 시간이 쓰러진다
수수꽃다리는 민들레가 되고
칼슘은 아토피가 된다
백조는 암소가 되고 거미는 월계수가 된다
웃지도 말고 울지도 말고
17층을 쿵쿵 밟는다
입술은 분화구가 되고 가자미는 다리미가 되고
식물도감은 동물표본이 된다
201페이지가 열리고
뻔뻔한 네 번째 애인은 다섯 번째 애인이 되고
나는 아스피린을 먹고 스무 살이 된다

슬픔의 경로

너의 파일을 열어본다
경로이동이 되지 않는
초기 메뉴를 알 수 없는
비밀번호도 없이 저장해버린
자동 검색되는 슬픔을

순식간에 바탕화면에 펼쳐지는 시퍼런 물결 속
떠돌아다니는 너의 세포들 불순물들 분비물들
언제나 너의 경로는 분명치 않다
– 경로를 다시 적으시오

시시때때로 너의 등록정보를 뒤지고
결별의 이메일을 전송해보지만

깜찍한 너의 아이콘은 영원히 삭제되지 않는다

원효암 간다

오늘은 원효암 간다

내가 만난 한 부처는 만나자마자 슬쩍 귓밥을 만지던데,
또 다른 부처는 파란 테가 둘린 어항을 갖다놓고
한 살림 차리자고 떼를 썼는데,
절벽에 거꾸로 매달린 키 큰 부처와는
둥둥 냇물에 빨래 흔들어 헹구면서
한나절 꿈같이 살았는데,

오늘은 원효암 간다

동안거에 든 우리 옛 애인 만나러
그때 그렇게도 나를 못살게 굴던 부처,
아무도 모르는 산골 오두막에서
한 백년 지글지글 살 섞고 살았더만
아이 스물을 낳아 냇가에 떠내려 보냈더만
오만 부처 다 물리치고
오호라, 여기 원효암에 앉았네
옷은 훨훨 벗어놓고 화관을 쓴 채

천년 뒤 아직도 살고 계시네
한량없이 산다는 무량수각 빈 법당
남몰래 눈 맞추고 서 있으면
내 시린 허벅지 큰 손으로 스윽스윽,
비벼 만지신다네, 어루만져 주신다네

물어뜯긴 시

강아지 미셸이
시를 물어뜯어 놓았다.
〈이런 집 짓고 싶었네〉라는
초고를 맘껏 씹어놓은 것이다

미셸 눈에는 내 시는
개똥도 아니었던 모양이다

물어뜯긴 시는 며칠이 지나도록
심장이 씹힌 채로 팔다리가 찢어진 채로
눈만은 살아있어 애처롭게 날 쳐다보고
으으으… 소리 내며 신음하고 있다

〈머…어…& # …집…*?& # …네…그…〉
이렇게 물어뜯긴 채로
아직 이만큼은 산 목숨이라고
시가 되어보려고
발버둥 치고 있다

매를 맞은 미셸이 꾸역꾸역
시를 토한다

바스타임

지지직,

뇌가 열린다

내성적인 실핏줄이 레일을 탄다

둥실,

마네킹처럼 물에 뜨는 이것은 무엇?

사람인지 짐승인지

다리인지 팔인지

몸인지 마음인지

분류하지 않는다

세포에 올리브향이 스며든다

덜컥!

시계가 바닥에 떨어진다

그는 내가 없을 때만 화분에 물을 준다

그는 수분이 부족하고

나는 잎사귀를 편애한다

우리는 작고 불충분하고 어리석다

등장인물 3이 죽었다고?

고뇌는 가면을 쓰고 달빛을 달랜다

우리는 맹목이다

이건 스페인 희곡에서나 볼 수 있는 주제

끝장 뒤에는 신선한 영감이 떠오르고

불이 꺼지기 직전 나는 천천히 돌아온다

혼란은 오래 가지 않을 것이다

식탁에 앉아야 한다

아나운서가 슬픔을 달래주는 저녁

그가 화분에 물을 주고 있다

한밤의 요리

새벽 세 시
유령처럼 걸어가 냉장고를 열고
시간을 꺼낸다

순서와 설명과 까닭과 모든 이유를 버리고
어둠에 소금을 뿌리고 요리는 시작된다

고문과 요리는 동의어
죄를 씻듯이 피를 씻고
비파를 타듯 비늘을 친다

석쇠 위에서 지글지글 불타는 가을 전어
나의 전의戰意는 순교를 즐기고 있다

순식간에 까맣게 타버린 잔혹한
시간의 고깃덩어리

비파의 몸에 맛있는 초생달이 뜬다

라디오가 내장된 소년에 대한 연구

그는 폭주족
왼쪽 뇌에 라디오가 내장되어 있죠

– 오, 난 외로워 스무 살처럼, 저녁 일곱 시면 난 사라지고 말 거야

그는 폭주기관차
아주 사랑스럽게 달리죠
안테나를 높이며 끝의 끝으로 달리죠

달리다 멈춘 그는 베네치아에 도착하죠
실눈을 뜨고 흐르는 구름을 쳐다보는 귀여운 애인은
무지갯빛 스웨터를 쓱 들어 올려 동그란 젖을 보여 주죠

– 달콤한 인생이란 없지, 달콤한 순간만이 있을 뿐,

그는 무지개를 경멸하고 구름을 사랑하죠
쿵쾅쿵쾅 일곱 시의 볼륨을 높였다 내렸다 하는
반짝반짝 꺼졌다 켜졌다 고장 난 우주선 같은

그는 폭주족
아주 사랑스럽게 달리죠

– 오, 난 외로워 스무 살처럼, 저녁 일곱 시면 난 사라지고 말 거야

새싹 샐러드

널 요리할 때면 궁금한 게 있어
파랗고 보랏빛 나는 어린 너를
냉장고에서 꺼내 봉지를 벗기고
씻어야 하나 말아야 하나
뭐 씻을 거 있어 그냥 먹지
그래도 씻어야 하지 않을까
우린 꼭 샤워하잖아 서로를 먹으려고
뜨거운 혀에 널 올리면 몸에서
싹이 트고 잎이 피어나지
갇혀 있는 말이 밖으로 뻗어 나오지
너는 어리지만 비리지 않고 달콤한 맛이 나
새벽 두 시엔 약간 쌉싸레한 맛도 나지
첫 번째 잎사귀처럼 예쁜 말이 피어나지
난 신선한 게 필요해
앙큼하고 발칙해도 좋아
씻지 않고 먹어도 되는
그대로 날름 삼켜도 되는
아삭아삭 싱싱하고 푸릇한
새싹 샐러드

그녀의 위치

팬티와 팬티스타킹 사이에
달콤함을 즐기는 세 치 혀와 혀 사이에
니코틴과 카페인 사이에
이화여인숙과 크리스탈 모텔 사이에
운니동과 돈암동 사이에
010과 011 사이에
포도나무와 사과나무 사이에
밥보다 그녀를 좋아하는 남자와 그녀보다 밥을 좋아하는 남자 사이에
카리브해와 요르단의 섬 사이에
중앙동 전철역 1번 출구와 2번 출구 사이에
아무것도 아닌 인생과 아무것도 아닌 것이 아닌 인생의 사이에

내일의 날씨

마음의 끝자락에 깃대를 꽂고
구름을 부른다

펄럭펄럭,
끝내 찾을 수 없도록

혹한을 원하는 시간
변심한 새털구름의 생애를 본다

우르릉 쾅쾅,
천둥이 필요한 날

등을 달고 불을 지피고
눈썹을 찡그리며 시간을 살육한다

올리브기름과 새 프라이팬을 사고
죄책감 없이 이불을 덮고 잠이 든다

모르는 얼굴이
내일의 날씨처럼 곁에 와 눕는다

너 없이

너 없이 숨을 쉬고
너 없이 밥을 먹고
너 없이 잠을 잤다
맙소사! 너 없이 백 년을 살았다
너 없이 前生을 살고
너 없이 前前生을 살았다

나보다 한 生 앞서간 사람이여,
죽도록 너를 쫓아가는 것이 나의 일생이었다니!

그녀의 식성

새벽 한 시에 들어와 욕실 청소를 한다
향기 나는 세제를 뿌리고 부득부득 바닥을 씻어낸다
주인이 없는 동안 미셸이 욕실을 마음대로 썼구나
오줌을 지리며 바닥을 기었구나

미셸, 이름조차 이쁜 나의 미셸
나의 미셸이라니,
그러나 나의 것인 네가 싫구나
너의 체취는 내 취향이 아니라서
육류는 나의 식성이 아니라서

생존만 있을 뿐 배신은 모르지
대체된 사랑에 질렸단다
날 사랑하지 말아다오 위로하지 말아다오
식성은 그리 쉽게 변하는 게 아니란다

미셸, 가련한 나의 미셸
나의 미셸이라니, 넌 도대체 누구의 것이니?
자, 이제 니가 말할 차례, 말해보렴
고상한 은유법은 써서는 안 돼

그런데 미셸, 넌 도대체 오늘 샤워를 했니?
사과향 샴푸를 쓰지 그랬니?
아무래도 너의 체취는 내 취향이 아니라서
육류는 내 식성이 아니라서

뜨거운 핸드폰

어두컴컴한 열가마 찜질방 〈천국과 지옥〉

컬러링 〈사랑의 기쁨〉이 울려 퍼진다

체온이 높아진다

반은 죽고 반은 살아 있는 주소록이 통째로 뜨거워진다

죽도록 뜨거운 이것이 천국의 콘셉트?

시들한 010-2749-7932가 뜨거워지고

냉담한 011-5731-8638도 뜨거워진다

보수동이 뜨거워지고 서초동도 뜨거워진다

41명의 여자와 37명의 남자가 한꺼번에 뜨거워진다

수십 개의 창문이 열리고 수십 개의 침대가 불탄다

지지직 금이 간 분홍색 하트가 끓어오른다

〈사랑의 기쁨〉이 지글지글 녹기 시작한다

천국과 지옥이 지글지글 끓기 시작한다.

두통

그가 널 찾아왔다

사려 깊은 눈과 날렵한 손을 가진 그가 왔다

애무의 순서를 잘 아는 선수, 절정의 순간

살찐 목을 단칼에 날려버릴 줄 아는 고수

자객처럼 시퍼런 비수를 허리춤에 숨기고

비장한 미소에 블랙유머까지 갖추고

인생의 다른 한 페이지라도 보여주려는 듯

매력적인 그가 천천히 목덜미를 쓰다듬는다

땅거미 스멀스멀 집을 짓는 여유

낭떠러지에 선 듯 몸을 애태우는 기술

흐릿해지는 의식 속에 머리카락이 곤두선다

기억이 발갛게 익어간다

포토그래퍼

열아홉의 레즈비언

종종 압력밸브가 되는 몽상가

시간을 찢어 스프를 끓이고

증오를 간직한 눈동자를 잘라 먹는다

치마 위에 가지런히 놓여진

손가락이 피어난다

다이얼로그

– 넌 그네를 타봤니?

– 그네를 타면서 Are you happy? 하고 물어본 적 있니?

– 해피가 고양이 이름이 될 수 있니?

– 가출한 고양이를 백 년 동안 기억할 수 있을까?

– 사람이었던 기억이 몇 번이니?

– 넌 삼백 개의 이름을 가진 사람을 알고 있니?

– 너의 내장의 1/3만 이해하는 사람과 같이 밥 먹어봤어?

– 밥상에서 꾸역꾸역 숟가락을 밀어 넣다 토해봤니?

– 토하다 말고 토마토를 포크로 찍어 그에게 먹여줘봤니?

다이얼로그 2

– 포도나무 아래의 저녁

– 해가 지고 있어요 엄마, 넌 북두칠성을 심고 있어요

– 엄마, 무서워요, 머리카락 사이로 포도나무가 자라고 있어요

– 얘야, 그건 일곱 살 때 그린 만화잖니? 넌 꿈을 꾸는구나

– 엄숙한 포도나무는 그만 잊어버리렴, 뿌리 같은 건 없어도 된단다

– 난 엄마의 높다란 구름머리를 질투해요, 제발 아무 데도 가지 마세요

– 얘야, 무서워하지 말고 지붕으로 올라가렴, 너에겐 아직 평화가 필요 없단다

– 해가 지고 있어요 엄마, 난 북두칠성을 심고 있어요

봄눈

연분홍 복사꽃에 눈발이 휘날리면

저기 목포역이나 군산 어디쯤에서는

누군가 아마 살뜰한 이별을 할지도 몰라

봄이면 냉이국 끓여주고 싶은 어여쁜 사람과

입맞춤으로 입맞춤을 지우고

눈으로 눈을 잊자고 할지도 몰라

쑥꾹, 쑥꾹, 쑥쑤꾹, 쑥꾹, 때 아닌 새타령을 부르고

쑥국 놓인 밥상을 엎을지도 몰라

깨진 거울을 밟고 걸어 들어갈지도

복사꽃을 용서하지 않을지도 몰라

허브정원이 그려진 도마 위에 길춤을 추고

눈 내린 무릉도원에 사람 하나를 버릴지도 몰라

어디 한번 해탈을 할지도 몰라

구름에 건네다

구름아, 네가 감히
내 옥빛 손톱을 보았다고 말하지 마라
바위 속 눌러앉은 제비꽃을 보았다고 말하지 마라
아픔을 숨겼다고 말하지 마라

구름아, 네가 또한 감히
내 눈썹 아래로의 서늘한 그림자로 지나갔다고 말하지 마라
세 마리의 염소가 풀을 뜯고 간 길을
너의 定處를
안다고 말하지 마라

어디다 갖다 묻었나
당신의 얼굴을

삼백 개의 열쇠로도 열리지 않는

당신의 몸은

오래된 불온문서

몰래 읽거나 태워야 한다

빨간 아기들이 울고 있는

세세생생 수정되지 않는 자료들

통째로 눈밭에 떨어지는 머리통과

찢어진 북소리를 내는 심장을 가진

첩첩산골 부도밭

눈먼 손으로 더듬어

읽을 수도 없는

스트레칭의 기술

생각이 찢어진다

팔도 다리도 내 것이 아니다

귀가 바닥을 애무할 때

마음을 믿으면 안 된다

우아한 굴욕의 순간까지 깊숙이 엎드린다

살짝 허리를 비틀어도 좋으나

아무 것도 증명해선 안 된다

나는 여러 마리의 짐승

얼굴은 보기 좋게 뒤집는다

눈은 감아도 좋다

어디가 핵심이라는 말은 하지 않는다

생각이 찢어진다

어린 뮬라토를 위한 아침식사

음울한 마녀가 안개속에서 수프를 끓인다
상상력을 고취시키고 양심을 마취시키는 비밀스런 메뉴
그의 속눈썹이 식탁을 덮는다

비오는 날은 꽃잎을 밥 위에 얹는다
b의 비밀을 c에게 전하는 그를 위해선
아무 것도 하지 않는 게 가장 좋은 일

회상의 능력이 탁월한 작은 물고기
그의 꼬리는 뒤로만 움직인다
물결모양의 낚시바늘은 얼마나 먹기 좋으냐
식욕에 대한 불손함으로 그는 아름다워진다

결말

그는 나의 표정에 집작한다

나의 오른쪽 발가락에 열중한다

그의 화초의 영양 상태에 나는 관심이 없다

죽은 나뭇가지에 새잎처럼 메모가 돋아난다

무상심심미묘법이다

반복은 즐거운 것

파란색 짐볼이 허벅지를 쓰다듬는다

침대는 삐걱거리고

하얀 시트를 갈아치운다

흠칫, 그의 동선이 흔들린다

나는 결말이 궁금하지 않다

□ 해설

'너'를 찾아 떠나는 여행

김남석(문학평론가, 부경대 교수)

1. 얼어붙은 언어

인터넷에서 놀라운 사진을 목도한 적이 있다. 그것은 얼어붙은 파도에 대한 사진이었다. 사진 속의 얼음은 산만한 크기였는데, 푸른색을 띠면서 마치 금방이라도 세상을 집어 삼킬 기세였다. 다만 여타의 쓰나미와 다른 점은 그 파도가 당분간 움직일 수 없는 상태라는 점이다. 왜냐하면 그 파도는 얼어붙어 있어, 산처럼 지상에 고정되어 있기 때문이다. 지상이라고 해봐야 그 역시 얼음일 테지만 말이다. 왜냐하면 이 얼어붙은 청록색의 파도이자 산은, 남극에서만 발견된다고 한다.

얼어붙은 파도 : 출처-해외커뮤니티

이 사진은 나에게 큰 영감을 주었다. 처음에는 그 영감이 무엇인지 몰랐다. 아름답고 신비하고 또 약간 모호한 이미지려니 했다. 사실 파도가 얼어붙는다는 사실은 증명하기 힘들지 않겠는가. 그 이후 몇 번이나 그 사진을 보게 되었다. 인터넷 서핑을 통해 만나기도 했고, 생각이 나면 저장된 사진을 꺼내보기도 했다. 그러면서 이러한 생각이 들기 시작했다. '아무리 추운 남극이라고 해도, 움직이는 파도가 얼어붙을 수는 없다'

하지만 이러한 가정은 어떨까. 그 파도가 얼어붙을 수 있다면. 놀랄 만큼 빠르게 움직이는 파도를 얼어붙게 만드는 기습적인 강추위가 존재한다면. 어떤 풍경이 연출될까.

파도가 언어라면, 시는 얼어붙은 파도라고 할 수 있다. 세상에 흐르는 단어들, 문장들, 표현들 그리고 이를 총괄하는 언어들. 그 언어들은 어떤 순간 정지된다. 얼어붙듯 멈추고, 순간적으로 박제된다. 조용히 죽어간다고 해도 과언이 아닐 것이다. 그것이 시이다. 일상을 흐르던 언어들이 조용히 멈춰 그 자리에 얼어붙는 현상. 처음에는 일상의 언어였지만, 일상의 언어가 시가 되는 순간 더 이상 평범한 언어의 나열일 수 없다.

얼어붙은 사진의 숨겨진 매혹 중 하나는 그 안에 비축된 힘이다. 얼어붙은 파도의 표면에는 일정한 간격으로 세로금이 가 있다. 그 금은 파도 하나하나의 결을 보여주는 듯하다. 바닷가에 앉아 있으면, 파도의 간격이 일정하다는 점을 어렵지 않게 확인할 수 있다. 그러한 파도의 힘은 차례로 그 앞의 물을, 물에 담겨 있는 사람을, 그리고 그 사람이 발 딛고 있는 땅을 밀어낸다. 물론 그 힘은 미약해서, 사람도 땅도 심지어는 물도 곧 원상태로 돌아간다. 하지만 우리는 또한 알고 있다. 그 힘이 한 번이 되고 두 번이 되고 열 번이 되고 일 년이 되고 십년이 되고 백년 천년이 되면서, 좀처럼 감당할 수 없는 거대한 힘이 비축된다는 것을. 얼어붙은 파도 사진은 긴 세월 동안 응축되었던 힘을 한 번에 보여주는 듯하다. 그 힘의 결을, 그 힘을 몰아쳤던 시간을, 그리고 그 힘과 시간 뒤에 숨어 있는 어떤 근원적 동력을 보여주려는 듯하다.

시 역시 마찬가지이다. 시는 단어 뒤에, 문장 뒤

에, 표현 뒤에 숨어 있는 어떤 힘을 보여주려는 언어의 전략이다. 일상적으로 발화되고 청취되고 때로는 흘러가면서 소멸되곤 하는 언어의 뒤편에, 웅크리고 있는 정서와 생각의 결을 배치하는 고도의 전술이기도 하다. 그래서 시는 아름답다. 그 안에 힘도, 시간도, 고심도, 인내도, 모든 아름다움을 추구하는 전략 전술이 들어있기 때문이다.

2. 어느 여인의 자화상

노준옥의 시집에서 가장 눈에 띄는 점은, '너' 혹은 '당신'이라는 어떤 존재이다. 그녀의 시 가운데 적지 않은 시편들이 이 '너'와 '당신'을 향한 대화체로 구성되어 있다. 그러니 당연히 묻지 않을 수 없다. '너'가 누구냐고? 「모래의 밥상」을 보면, 그 '너'가 실제로는 존재하지 않는 사람일 것이라는 생각이 들기도 한다.

지구가 대답하기를 기다려 백만 년 동안 모래로 살아
온 모래를 아니?

내가 차린 밥상은 모래의 밥상
모래로 집을 짓고
모래로 밥을 지어
우린 겸상을 하지
모래로 당신을 만들어

밥을 떠먹이지
노래도 불러주지

백만 년 동안 내가 너에게 사랑한다 말해도
넌 알아듣지 못할 거야
백 년 동안 너의 발을 씻겨주어도
천 년 동안 무릎에 앉혀 밥을 떠먹여줘도
넌 배가 고프고
넌 웃지 않을 거야
날 쳐다보지 않을 거야
새털구름만 보고 있을 거야
날 알아보지 못할 거야
백만 년 동안 모래로 살아온 모래를

–「모래의 밥상」 전문

화자는 지금 대답 없는 '너' 앞에 앉아 있다. 시적 상황으로 보면, 두 사람은 밥상을 놓고 마주 앉아 있다. 화자는 그 밥상이 모래의 밥상이라고 했고, 겸상한 '너'도 모래로 만들었다고 했다. 모래로 사람을 만들 수도 있겠지만, 이것은 일종의 비유로 판단하는 편이 옳을 것이다. 모래가 가진 부스러지기 쉬운 속성을 활용하고자 문면에 내세운 시적 은유일 것이다.

그렇다면 화자와 '너'의 관계는 모래처럼 흩어지기 쉬운 관계라고 할 수 있다. 흔히 말하는 형식적인 관계이며 지속할 수 없는 관계이다. 어쩌면 화자의 말대로 그들은 백만 년 동안 겸상을 하고 백만 년 동안 만나도 대화를 나눌 수 없는 '남'으로 살아야 할지도 모른다. 더욱 흥미로운 것은 '너'를 화자가 만들었다는 점이다. 다른 말로 하면, 백만 년 동안 화자의 곁에서 앉아 화자가 만들어주는 모래의 밥상을 받을 사람은, 회지에 의해 창조된 이떤 존재일 수밖에 없다는 뜻이다. 그런 존재라면, 실존하는 어떤 사람이기보다는 화자에 의해 규정되고 창조된 상상적 존재에 가깝지 않을까.

다른 작품을 보자. 「너에게 포도주를 금지한다」에 보면, '너'에게 금지된 물건 혹은 행동의 목록이 제시되어 있다.

> 너에게 포도주를 금지한다
> 상냥함을 금지한다
> 식탁에 비스듬히 앉은 자세를 금지한다
> 팔짱을 끼는 것을 금지한다
> 꽃장수 수마나의 여덟 꽃다발을 금지한다
> 불안의 책을 금지한다
> 둥근 침대를 금지한다
> 너에게 풍차 무늬의 잠옷을 금지한다
> 아라비아 댄스를 금지한다
> 치마에 묻은 젖은 얼룩을 금지한다
> 랜턴을 금지한다
> 아침 일곱 시를 금지한다
>
> —「너에게 포도주를 금지한다」 부분

'너'에게 금지하고 있는 목록을 다시 작성해 보

자. 포도주, 상냥함, 비스듬히 앉은 자세, 팔짱 끼는 것, 여덟 꽃다발, 불안의 책, 둥근 침대, 풍차 무늬의 잠옷, 아라비아 댄스, 치마에 묻은 젖은 얼룩, 랜턴, 아침 일곱 시. 이것들의 공통점 혹은 연관성은 무엇일까. 이 시는 이 목록의 공통점을 아주 느슨한 형태로만 제시했다. 이 시어들의 관계에 대해서 극도로 함구하고 있어, '너' 라는 공통 요소만 제거하면 무작위로 선택했다고 해도 좋을 것이다. 따라서 이 시를 읽는 독자들은 12개의 목록을 보면서, '너' 에 대해 상상해야 한다.

포도주와 비스듬히 앉는 자세, 랜턴 등을 결합해 보면 남성일 가능성이 보이고, 여덟 꽃다발과 풍차 무늬의 잠옷, 치마 등을 종합하면 여성일 가능성도 배제할 수 없다. 팔짱을 끼고 불안의 책을 거론하는 것을 보면 고집 세고 모험적인 성격일 가능성도 있고, 풍차 무늬 잠옷이나 아라비아 댄스 등을 참고하면 평범하고 일상적인 성격을 지닐 수도 있다. 포도주와 얼룩과 침대를 연결하여 음란하다는 인상을 받을 수도 있고, 상냥함과 아침 일곱 시를 연결하여 규칙적이라고 판단할 수도 있다. 이처럼 이 목록에서 다른 물상들을 연결하면 다른 느낌을, 다른 인상을, 다른 짐작을 얻을 수 있다.

따라서 어떠한 목록 선택도 '너' 에 대해 궁금해하는 우리의 질문에, 정확한 대답을 던져줄 수 없다.

그 말은 이 시에서는 '너'에 대한 어떠한 정의도 내릴 수 없다는 뜻이다. 이 시는 처음부터 그러한 '너'에 대해 상세하게 설명하지 않을 작정으로 창작된 시라고도 할 수 있다. 아니 이 시집 전체가 그러하다. 이 시를 비롯한 많은 시들에서 '너' 혹은 '당신'-범위를 더 넓히면 '그' 혹은 '그녀'-이 등장하지만, 그들은 온전히 설명되지 않는 존재들이다.

그래서 시인은 "오늘은 너를 모를게"라고 의미심장하게 말하기도 했고, 심지어는 "난 너를 모르지 / 알면 안 되지"라고 중얼거리기도 했다. 그럴수록 더욱 궁금해진다. '너'는 누구인가.

이런 생각을 해 볼 수 있다. 가까이 있으면서도, 많이 이야기하면서도, 누구인지 모르는 사람. 하지만 늘 그 사람에 대해 생각나고 이야기하게 되는 사람. 그렇다면 혹 그 사람은 자기 자신이 아닐까. 노준옥의 이 시집에서, 혹은 많은 시편들에서 지칭하고 있는 '너'는 혹 '나'가 아닐까.

우리 시사에서 '나'를 '너'로 지칭하고 의문과 대답을 반복하는 시편들은 낯설지 않다. 황지우 식으로 말하면, 많은 시인들이 '나는 너다'라고 생각하기를 스스로 바라기 때문이다. 그럼에도 노준옥의 시가 독특해 보이는 것은, 의도적으로 그 결론을 감추고 있다는 점이다. 즉 지금까지 시인들은 '너'라고 믿었던 많은 시적 대상이 실제로는 '나'일 수 있음을 암시하는 것에서 상당한 성취욕과 포만감을 느끼는 듯 했다. '나'에 대한 탐구와 깨달음이, '나'가 아닌 '너'로 표현되는 것이 신기한 현상이듯이, 그 '너'가 결국에는 더 큰 '나'와 통합되는 것은 격상된 깨달음이라고 믿었기 때문이다. 그리고 시를 통해 이러한 신기함과 깨달음을 노출하기를 즐겨했기 때문이다.

하지만 노준옥은 그러한 신기함과 깨달음을 시의 문면에 앞세우지 않았다. 그것은 크게 두 가지로 여겨진다. 시인이 추구하는 시적 세계에서 그러한 뻔한 진실을 반복하는 것을 중시여기지 않거나, 실제로는 그러한 깨달음에 도달하지 못했거나. 둘 중 어느 것인지는 크게 중요한 것 같지 않다. 왜냐하면 노준옥의 시에서 그러한 깨달음이 어떠한 방식으로든 최종적인 산물은 아닌 것 같기 때문이다.

3. '너'에 대한 불교식 이해 혹은 반 불교식 접근

노준옥의 시 중에는 불교에 대한 언급이나 불교식 사유를 삽입한 시가 종종 눈에 띈다. 시 「아플 때가 되었다」에는 수도승이나 눈여겨 볼 법한 구절이 길게 삽입되어 있다. 시 「원효암 간다」에는 원효의 삶처럼 불교의 형식적 진리에 얽매이지 않으려는 화자의 태도가 드러나고 있다. 「너 없이」에서는 비록 불교의 가르침이나 설법을 직접 언급하지 않았지만, '전생'과 '전전생'이라는 표현에 불교식 윤회관을 담아내고자 했다.

이처럼 노준옥의 시에는 불교에 대한 관심과 언급이 편린처럼 빛나는 경우가 있는데, 이것은 그녀의 시에 불교식 사유가 둥지를 트는 역할을 한다. 다시 말해서 파편화된 이미지, 비약하는 시적 전개를 일시적으로 가라앉히고, 시 속에 담긴 화자 혹은 시인의 사유를 환기하는 역할을 한다. 그 중에서 주목되는 시가 「반가사유로」이다.

> 나를 오늘 여기에 앉아 있도록 도와주지 않은 것이 있던가
>
> 멀미와 구역질과 저 구름과
> 비 오는 밤의 정전과 미친 봄날 한 조각과
> 들찔레와 여우 소리와 저 나비와
> 시궁창의 쥐새끼와 고양이의 파란 눈빛과
> 번개와 이슬과 물거품과 파도와 그림자와
> 너의 오온과
> 너의 아름다운 사대와
> 너의 색성향미촉법과
>
> 나를 나이도록 도와주지 않은 것이 있던가
> 이제 가만히 꺾어라 너의 손
> 저 아름다운 각도로
>
> –「반가사유로」 전문

이 시는 우리나라의 국보로 잘 알려진 '반가사유상' 을 소재로 하고 있는 것 같다. 시인은 반가사유상을 바라보면서, 자문을 던진다. '나를 오늘 여기에 앉아 있도록 도와주지 않은 것이 있던가'. 눈치 빠른 사람들은 알겠지만, 시인이 자문을 던지는 순간, 시인은 더 이상 제 삼자의 입장으로만 한정되지 않는다. '너' 로서의 '반가사유상' 이 아니라, '나' 로서의 반가사유상으로 변모하는 것이다. 시적 몰입이라고 해도 좋고, 감정이입이라고 해도 좋다.

2연은 반가사유상이 된 '나' 의 침묵 속에 가라앉은 상념이다. 우리는 반가사유상을 바라보면서, '그(녀)들' 이 꿈꾸고 생각했을 법한 것들을 떠올리곤 한다. 노준옥 역시 그러했을 것이다. 시인은 '반가사유상' 이 되어, 그 꿈꾸고 생각했을 법한 모든 것을 과감하게 되뇐다. 세상 모든 것이 '나' 를 '나' 이도록 만들었다.

2연에 열거된 물상이나 관념은 흥미롭다. 특히 그 선택과 조합은 궁금함을 불러일으킨다. 멀미, 구역질, 구름, 비오는 밤의 정전, 미친 봄날의 한 조각, 들찔레, 여우 소리, 나비, 쥐, 고양이의 파란 눈빛, 번개, 이슬, 물거품, 파도, 그림자, 그리고 너의 오온, 너의 아름다운 사대, 너의 색성향미촉법.

앞에서도 한 번 시도해 보았지만, 이러한 물상과 개념을 관련지어 해석하는 정답을 찾기란 애초부터

불가능하다. 이러한 어휘들에 대한 개인적인 경험이 다를 뿐 아니라, 이러한 연결이 결정짓는 의미상의 맥락이 확고한 단서로 함께 제시되지 않았기 때문이다. 이러한 어휘들은 반가사유상의 내면에 휘몰아치는 어떤 상념의 일부일 것이다. 따라서 그 상념을 이해하는 것은 극히 개인적인 일이고, 상상적인 차원의 일일 수밖에 없다.

하지만 시의 문면을 통해, 이러한 어휘를 접하고 받아들이는 이들은, 어휘들의 관련성에 대해 궁금할 수밖에 없다. 궁금함은 해석을 요구하게 되고, 시의 의미와 의의를 파악하려는 욕구로 발전할 수밖에 없다. 그러니 한 번 더 시도하지 않을 수 없다.

시어 열거의 층위는 무작위적이고 자유분방하지만, 그 사이에서 몇 가지 눈길을 끄는 대목이 있다. 하나는 구름과 나비 앞에 '저' 라는 관형사를 붙인 점이다. '저' 라는 관형사는 일정한 거리감을 드러낸다. 지금 열거를 하고 있는 시인의 앞에, 일정한 거리를 두고, 구름과 나비가 실제로 존재할 수도 있다는 인상을 전한다. 그렇다면 계절은 봄일 것이고, 그것은 2연의 2행에 열거된 '봄날' 이라는 시어와도 상통한다.

시인은 봄날 나비가 날고 구름이 있는 어느 시점에서 이 시를 구상했다. 그리고 그러한 날들은 곧 물의 이미지에 의해 침습당하는 것 같다. 비, 시궁창,

번개, 이슬, 물거품, 파도 등이 그것이다. 이 시의 열거 대상 중에 물의 습성을 이어받은 시어들은 압도적으로 다수이다. 이러한 시어들은 비 혹은 물과 깊은 관련을 맺고 있다. 시인의 눈앞을 가리는 세상의 장애물로 현현했다고 할 수 있다. 따뜻하고 화창한 봄날 대 습기 짙은 장애물의 대립이 구현되는 셈이다.

다른 하나는 '너의' 라는 관형어의 수식을 받는 세 개의 어휘가 등장했다는 점이고, 그 어휘가 모두 〈반야심경〉과 관련 있다는 점이다. 그 중 첫째가 '오온' 이다. 오온은 '조견오온개공照見五蘊皆空' 의 그 '오온' 을 가리킨다. 오온이란 만물을 구성하는 집합 혹은 구성 요소를 뜻한다. 처음에는 인간의 몸과 마음을 구성하는 다섯 가지 요소를 뜻했으나, 점차 현상세계 전체를 구성하는 요소를 가리키는 뜻으로 변화했다. 불교에서는 오온에 속하는 것으로, '색色 · 수受 · 상想 · 행行 · 식識' 을 꼽고 있다. 색은 물질 요소, 수는 감정 감각의 세계, 상은 심상心想, 행은 '수상식' 이외의 정신 작용, '식' 은 인식 판단의 작용을 가리킨다. 그래서 색은 물질계, 나머지 '수상행식' 은 정신세계의 활동을 가리키는 것으로 흔히 이해된다.

이 시에서는 '나' 를 '나' 로 만드는 일체의 세상을 의미한다. 흥미로운 것은 오온은 불교의 수양에서는 멀리 해야 할 것으로 상정된다는 점이다. 〈반야심경〉의 가르침 중 하나는 이러한 오온이 결국 '공空' 임을 깨닫는 것에 있다. '색온'에 비유해서 말한다면, 인간의 육신과 만물의 표피는 결국 비어 있는 것임을 깨달아야 한다.

사대四大란 '지', '수', '화', '풍'으로 이러한 색온(물질계)을 이루는 네 가지 요소라 할 수 있다. 색이 인간 육체의 영역이라면, 사대는 인간의 육체를 구성하는 물질을 가리킨다. 〈반야심경〉에서는 색이 곧 공이라고 가르치면서, 색이 항상 존재하는 것이 아니라고 설파하여 인간의 몸뚱이에 집착하지 말라고 가르친다.

색성향미촉법도 마찬가지이다. 눈도 없고 귀도 없고 코도 없고 혀도 없고 손도 없으니 당연히 색도 없고 소리도 없고 향기도 없고 맛도 없고 촉감도 없다. 아무 것도 없다 보니 설법도 진리도 없다는 것이다.

是故 空中無色 無受想行識 無眼鼻舌身意 無色聲香味觸法
시고 공중무색 무수상행식 무안이비설신의 무색성향미촉법

이러한 불교, 즉 〈반야심경〉의 설법은 특별할 것은 없다. 우리는 불교에서 육체와 정신, 세상을 이루는 물질과 관념이 모두 중요하지 않다고 가르친다는 사실을 이미 알고 있다. 비록 경문의 구절을 모를 수는 있어도, 그 가르침의 요지를 모르지는 않는다는 뜻이다. 문제는 그러한 가르침을 실천하고 수련하는 방식이다. 우리는 불교의 가르침을 요약하여 기존 상식으로 습득하고 있지만, 그 가르침을 마음에 새기고 실제로 따르는 것은 전혀 별개의 문제이다. 모든 것이 공이라고 생각할 수 있다고 해도, 그에 따른 집착마저 버리기는 힘들 것이다.

그런데 노준옥의 시는 그러한 불교의 가르침을 인정하지 않는 듯하다. 시인은 오온과 사대와 색성향미촉법을 부정하고 극복해야 할 대상이기보다는, 지금의 '나'를 만든 근원적인 힘이라고 말하고 싶어 한다. 불교의 가르침을 좇아 그것들이 모두 부질없다고 선언하지 않으며, 오히려 그것들에 의해 우리 삶이 다채로울 수 있다고 우회하여 말하고자 한다.

그것은 곧 '너'를 긍정하는 사유 방식이다. 불교에서는 세상에 존재하는 '나'가 모두 새로운 '나'가 되어야 한다고 믿는다(깨달음을 통해). 물론 '새로운 나'라는 개념에는 '우리'라는 개념도 있을 수 있고, '너'와 관계없는 '나'만의 '나'라는 개념도 있을 수 있다. 하지만 노준옥은 이러한 생각에 동의하기보다는, 그냥 '너'와 함께 사는 '나', '너'의 존재를 부담스러워하지 않는 '나'를 설정하기를 원한다. 나 이외의 것을 거부하지 않고, 그렇다고 억지로 통합하지 않으려는 것이다.

그래서 반가사유상은 '너'에서 '나'가 머무는 장소가 될 수도 있었지만, 다시 '나'로 나와서 '너'의 모습으로 지켜보는 대상이 될 수도 있다. 섣부른 깨달음은 이 시의 긴장을 풀어버릴 것이다. 그때 시인이 취할 수 있는 사세는 현상을 받아들이는 것이다. 오욕과 사태를 거부/극복/변형하기보다는 겸허하게 수용하고 그것의 의미를 긍정적으로 고려하고자 했다. 수용하는 자에게는 아름다움을 보는 새로운 방식이 생겨난다. 아마 그것이 시인의 눈에는 반가사유상의 '아름다운 손'이었을 것이다.

4. '나'를 찾아 떠나는 여행

앞에서 노준옥의 시집 속에 등장하는 '너'가 혹시 '나'의 변형일 수 있다는 의견을 제시한 바 있다. 가까이 있으면서도 항상 모호한 존재, 늘 관심의 대상이면서 동시에 타자처럼 멀어 보이는 대상은 '나'일 수 있다. 우리는 드물지 않게 자신에 대해 잘 알지 못한다고 느끼고, 탐구의 대상으로 삼는 것과 비슷한 이치이다. 실제로 노준옥의 시를 보면, '너'가 실제로는 '나'가 아닐까 하는 의구심이 강해진다. 그렇게 생각되는 한 예를 들어보겠다.

바슐라를 읽다가 갑자기 부엌으로 가서
김장김치 한 포기를 썰지도 않고 죽죽 찢어 서서 먹는다
입안에 가득 한겨울 시린 배추밭이 들어온다
새파란 무청 줄지어선 무밭도 들어오고
붉은 고추밭도 총총한 마늘밭도 다들 살아서 들어온다

어쩌구저쩌구 고매한 정신에 밑줄 따라 그어가며
한량없이 쫓아가던 나의 정신에 느글거리던 이론에
과감히 고춧가루를 뿌리는 이 한밤의 역설

허구에 시달리며 또한 허구에 목마른 나는
이 긴긴 동짓달 하룻밤을 아름다운 사색으로 채우려 했건만
나의 정직한 식욕은 실체를 원했던 것이다
시뻘건 고춧가루와 노오란 마늘과 시퍼런 파와 청각과 가지가지의 재료들이
망상과 그리움과 고단함과 분노와 욕망과 회환과 무료함과 간절함과
익어가는 여인의 허연 장딴지 같은 배추의 속살에 범벅이 되어
불현듯 아름다워진 나의 크리스마스 저녁

바슐라르 선생
꿀꺽 침을 삼키며 날 쳐다보고 있다

–「김치 크리스마스」 전문

시인은 지금 '정직한 나'와 맞서고 있다. 처음에는 어려운 바슐라르의 책을 읽고 있었지만, 곧 무언가에 대한 허기를 느끼고 책 읽기를 포기한 채 부엌으로 향한다. 그리고 김장김치 한 포기를 꺼내 채 썰

지도 않고 씹어 먹기 시작했다. 그런데 배추와 무와 고추와 마늘이 범적이 된 김장김치는 그녀를 살아있도록 만들었다.

왜 시인은 책 읽기를 포기하고 김치 먹기에 열중한 것인가. 그것도 크리스마스에. 처음에 시인은 비슐라르를 통해 정신의 허기를 채우려 했던 것 같다. 그녀의 말을 빌리면, "고매한 정신에 밑줄을 그어가며 / 한량없이 좇아가"고 싶었기 때문이다. 하지만 이내 이러한 자신에게 대해 과감한 반란을 일으키기로 작정한다. 고매한 정신에 '느글거림'을 느끼고, 육체의 허기 쪽으로 방향을 전환한 것이다.

정신적 식탐을 포기하자 육체적 식탐이 몰려들기 시작한다. 시인은 김장김치를 꺼냈고, '익어가는 여인의 하얀 장딴지' 같은 배추 속살을 탐하기 시작했다. 그녀의 식욕은 정신적인 '탐함'에서는 정직한 만족을 느끼지 못했지만, 먹는 것과 아름다운 속살에서는 폭식을 의식해야 할 정도였다. 공허했던 마음 한 구석이 채워지면서, 살아있다는 것에 대한 새로운 희열을 감촉할 수 있었다.

이 시는 시인의 속살을 과감하게 드러내고 있다. 절실하지 않은 정신적 탐구가 때로는 지적 허영의 사치일 수 있으며, 그러한 지적 허기보다 육체의 허기가 더욱 진실할 수 있다고 말하고 있기 때문이다. 그리고 그 안에 여인의 속살로 대변되는 은밀한 욕망도 살짝 버무려 놓고 있다. 그것은 '나'의 내면에 숨겨진 정직한 식탐을 부정하지 않고, '나의 것'으로 인정하는 처사이다.

뿐만 아니라 이 시에는 노준옥의 시에 자주 등장하는 열거의 방식도 포함되어 있다. 시인은 '시뻘건 고춧가루와 노오란 마늘과 시퍼런 파와 청각과 가지가지의 재료들'이라고 눈앞의 '오온'을 묘사했다. 다른 시와 차이점은, 이러한 '오온'의 뜻을 살짝 부기한 점이다. 음식 재료의 오온 옆에는 '망상과 그리움과 고단함과 분노와 욕망과 회환과 무료함과 간절함과 / 익어가는 여인의 허연 장딴지 같은 배추의 속살에 범벅이 되어' 라는 표현이 숨 쉬고 있다. 우리는 이러한 두 개의 열거 방식을 통해, 시인이 보고 있는 재료들의 속뜻을 어느 정도는 알아차릴 수 있다. 물론 '시뻘건 고춧가루'가 '망상'이거나, '시퍼런 파'가 '고단함'이라고 정의할 수야 없겠지만, 식재료가 버무려진 형상은 시인이 바라보는 감정 혹은 개념의 버무려짐과 같다고는 추측할 수 있다. 즉 시인은 김장김치처럼 세상의 형상과 개념 역시 버무려져야 한다고 믿는 것 같다. 정신적인 것 못지않게 육체적인 것도 중요하며, 육체적인 것에는 식욕과 성욕이 동등하게 자리 잡아야 한다고 믿는 것 같다. 이러한 믿음을 확인할 때에, 허기가 가시고 느끼함이 사라지고 불안함이 가라앉으며 세상이 아름답게 보일 수 있다고 또한 믿는 것 같다.

이 시에는 '너'가 아닌 '나'가 분명하게 명시되어 있다. '바슐라르'라는 세상의 물상에 대해 이해를 시도하거나 포기하거나 반항하거나 그래서 도전하는 존재는, 다름 아닌 '나'이다. 그래서 그 '나'는 시 속에서 그 실체를 드러낼 수 있었다. 다른 여타의 시들, 그러니까 노준옥의 다른 시편들이 이 '나'를 드러내기보다는, 모호한 지칭으로 반쯤 드러내고 반쯤 감추는 작업에 익숙했다고 하면, 이 시는 그러한 시들과는 다른 시들이다. 그래서 더욱 눈에 띈다.

이러한 시 한편을 더 살펴보자.

그런 곳에 사람이 살데
전철역 가까운 으슥한 장전동 골목길
스러질 듯한 이층집인데 한 달에 7만원씩 월세를 주고
그런 곳에도 사람이 살고 있데
좁다란 마당엔 동백나무도 추위 따라 한 그루 피워 올려놓고
어두워지니 방마다 불을 밝혀 환하데
이화라는 배꽃은 없어도 이화여인숙 불빛은 밝데
그런 곳에 사람이 들며나며 세상 한 귀퉁이 기워나가고 있데
삐걱거리는 마루 어두운 층계를 조심조심 올라
다닥다닥 붙어 있는 방문을 열고
신발은 들고 들어가라데 그러곤
추억처럼 반듯이 선반에 올려 놓으라데
그런 방도 다 있네
천장 가운데 매달려 옆방과 함께 쓰는

누군가 와서 밝혀주기를 바라던 100볼트 30와트의 희미한 알전등
그 아래 어슴푸레한 옛사랑을 비추고 있는 때 묻은 거울 하나
바래진 꽃무늬의 노란 캐시미론 이불 한 채의 면적이 전부인
요즘 세상에 그런 방도 다 있데
요즘 세상에 그런 데서도
축축하고 더러운 그 이부자리에서도
지지직거리는 14인치 TV를 미처 끄지도 않고
나누어야 하는 절박한 사랑도 있데
길 앞에 세워놓은 여인숙 간판 같은
그런 사랑이 남아 있었다 하데

–「이화여인숙」 전문

'이화여인숙' 은 노준옥의 다른 시 「그녀의 위치」에도 등장하는 여관으로, 좁고 눅눅하고 불편한 공간이다. 시인의 말대로 '요즘 세상에' 있을 법 하지 않은 공간이다. 그래서 그 공간에 대한 묘사는 흥미롭다.

잠시 화자가 묘사한 공간을 따라가 보자. 누추한 이 공간은 의외로 전철역 장전 역 근처에 있다. 사람들이 많이 지나다니면서도 눈여겨보지 않는 공간인 셈이다. 쓰러져가는 2층집인데, 여인숙에서 즐겨 보이는 '장기 대여' 도 병행하고 있는 것 같다. 마당에는 동백나무가 서 있고, 방들은 다닥다닥 붙어 있다. 안내자를 따라 삐걱거리는 계단을 지나, 본래는 하

나였을 공간을 임의로 두 개로 나눈 듯 한 방에 도달했다. 신발 보관 장소가 따로 없어 방 안 선반에 놓아두어야 하는 방, 별도의 전기시설이 없고 옆방과 한 전등을 공유해야 하는 방, 낡은 거울 하나와 손때 묻은 이불 한 채가 전부인 방이었다.

화자는 왜 그 방을 공들여 묘사하는 것일까. '요즘 세상에 이런 방도' 있다고 알려주기 위해서. '불륜에 대한 알 수 없는 강박관념'(「내가 가진 것」)을 지녔다는 이가 왜 이런 방에 오게 된 것인가. 동행한 이는 누구일까. 이러한 의문들은 '나'라는 한 부분을 이해하려는 화자의 노력에서 찾아야 하지 않을까 싶다.

이 시는 시적 상상의 결집체이지만, 그 안에는 시인이 찾던 분신으로서의 화자가 존재할 수 있다. 그 화자는 어떤 공간을 상상하고 있다. 이미 본 공간일 수도 있고, 눈으로는 보지 못한 공간일 수도 있다. 경험한 일일 수도 있고 아닐 수도 있다. 중요한 것은 시인의 눈이 이러한 공간에 민감하게 반응하고 실감나게 묘사하려 한다는 것이다. 한 번도 보지 못한 이들에게도 이 공간은 쉽게 이해가 될 정도로 정교하다.

화자인 '나'는 이 공간에서 자신의 시적 상상력을 풀어놓는다. 위선과 가림 없이 그 축축하고 더러운 공간에서 확대된 기억을 시의 문면에 풀어놓을 때,

'나'는 해방감과 함께 어떤 '절박함'을 느낄 수 있다. 사람들이 무심히 지나가고, 무관심하게 바라보는 어떤 대상에 대한 연민과 이해를 확보할 수 있었기 때문이다. 이 시에는 '나'라는 호칭은 한 번도 사용되지 않았지만, 오히려 그래서 이 시는 '나'라는 화자의 어떤 측면을 이해할 수 있도록 만들어준다. 남들이 생각할 수 없었던, 자신조차도 상상하기 힘들었던 '내' 안의 어떤 '나'가 감지되고, 그 '나'가 풀어놓은 욕망의 풍경을 진솔하게 대면하게 되기 때문이다.

노준옥의 시집은 '나'를 감추려고 하는 시편들 속에, '나'를 풀어놓으려 하는 어떤 시편들이 숨어 있는 형세를 이루고 있다. 그래서 그런지 내밀한 속살을 드러내는 시들은 한결 정겹게 느껴지고, 그러한 속살들을 감추려고 하는 시들은 상대적으로 경직되게 느껴진다. 하지만 둘 중의 어느 하나만 있어도 이 시집은 곤란했을 것이다. 나의 해석대로 한다면, '너'로 타자화 되어 감추어진 '나'의 모습과, '나'로 문면화 되어 드러낸 '자신'의 모습이 어우러질 때, 비로소 중화되고 균질화 된 자아가 드러날 수 있기 때문이다. 둘이면서 결국 하나인 자아가 드러날 때에 우리는 서로 다른 자아를 통해 근원적인 자아에 대한 이해를 심화시킬 수 있다. 이 시집은 그러한 측면에서, '나'를 찾아가는 여행과 다르지 않다.

5. 얼어붙은 파도처럼

청록색의 얼음 기둥이 파도처럼 서 있는 사진을 다시 지켜보면서, 시가 어떠해야 하는지에 대해 생각해 본다. 시는 파도처럼 움직이는 시상의 결이다. 시 안에 포획된 언어들은 하나의 결을 이루면서 행과 연을 흘러 시상을 읽는/보는 이에게 실어 나른다. 하지만 시의 묘미가 단순히 이동과 전환에만 있는 것은 아니다.

이러한 시상의 움직임은 기본적으로는 세상의 온갖 흐름 중에 하나를 지면 위에 박제한 것이기도 하다. 시상의 움직임은 얼어붙은 파도처럼 일정한 틀 안에 갇히게 되고, 함께 갇힌 언어들은 무형의 관념과 사상을 유형의 응고된 형상으로 빚어내게 된다. 시는 결국 자유로운 흐름이지만, 그 흐름은 박제된 틀 안에 갇힌 흐름이다.

노준옥의 시는 대단히 자유분방하다. 언어와 언어의 간격, 표현과 표현의 간극, 시상에서 시상으로의 도약이 상당히 크기 때문이다. 그녀가 선택하는 시어들은 때로는 비약과 단절과 몰이해를 두려워하지 않는다. 세속의 말로 하면, 친절하지 않고, 변화무쌍하며, 종종 무작위하게 선택된 것처럼 보일 때가 있다.

그래서 활기와 역동감이 두드러진 시편들이 탄생하기도 한다. 그녀의 시를 해석하는 입장에 서는 사람들은, 이러 저리 흔들리는 시상들을 쫓아 자유로운 상상의 여행을 떠날 수 있게 된다. 시어 하나, 시행 하나에도 숨겨진 역동성을 만끽할 수 있는 장점을 얻게 된다.

하지만 그녀의 시는 지나치게 자유로워서 고정된 어떤 실체로 응축시키기 어렵기도 하다. 일견 그녀의 시집을 관통하는 일관된 생각은 부재하는 것처럼 보일 때도 있다. 그녀의 시들이 세상의 어떤 지점에 모이는 통일된 시선을 추구하지 않기 때문이다. 그녀의 시는 자유롭게 떠돌고, 자유롭게 선택하고, 자유롭게 해석되는 면모를 강조했기 때문이다. 그런 면에서 그녀의 시는 응축과 집중과 초점의 미학에 대해 생각해 볼 때가 되지 않았나 싶다.

기존 그녀의 시가 지향하는 하나의 논점을 제기해 본다면, 그것은 '너' 라는 존재라 할 수 있다. 앞에서도 언급했지만, 이 '너'는 활기차게 역동하는 시상의 최대 공약수에 해당한다. 이 '너'라는 지칭으로 인해 그녀의 시는 만물을 바라보는 다른 시각에, 하나의 통일된 해석 틀을 들어부을 수 있었다. 이것은 시의 구조와 의미를 다듬는 일종의 주조 틀 역할을 한다. 따라서 그녀의 시를 '너를 찾아가는 여행'

의 기록으로 정리할 수 있겠다.

그녀에게 '너'는 무엇일까. 이 글에서는 '너'가 실제로는 '나'의 일부분일 수 있다는 가정 하에 여러 시를 살펴보았다. 하지만 분명한 것은 노준옥의 '너'가 '나'로 드러나는 뻔 한 형식을 따르지 않았다는 점이다. 오히려 이를 거부했다고 보는 편이 진실에 가까울 것이다. 시인은 시어와 시상의 흐트러짐을 통해, 통일된 해석에 도전하는 입장에 서 있다.

그녀의 시에 숱하게 드러나는 열거의 방식대로, 다른 시편들을 골라 '너'를 찾아보면 또 다른 '너'의 모습을 얻을 수도 있을 것이다. 노준옥의 시가 가진 최대 장점이 바로 이러한 새로운 조합의 가능성이다. 이 가능성으로 인해 그녀의 시집은 지루해지지 않을 수 있었고, 단번에 해석되지 않을 수 있었다. 볼수록 달라지고 읽을수록 다채로워지는 시집을 꿈꾸었다고 할까. 방식은 다르지만 이러한 꿈꾸기는 파도를 얼렸던, 아니 언 파도를 보고 싶었던 그러한 소망과 동일한 것이라고도 할 수 있을 것이다.

모래의 밥상

시와사상 시인선 14

찍은날 | 2011년 6월 15일
펴낸날 | 2011년 6월 22일

지은이 | 노준옥
발행인 | 김경수
펴낸곳 | 시와사상사
부산광역시 금정구 부곡동 325-36번지
전화 : 051-512-4142
팩스 : 051-581-4143
E-mail : sisasang@dreamwiz.com
http://www.sisasang.co.kr

등록번호 | 제05-11-7호
등록일자 | 2005년 7월 18일

인쇄처 | 도서출판 세리윤

값 7,000원

ISBN 978-89-94203-02-7 04810

• 이 시집은 2011년 부산문화재단 지역문화예술육성지원사업의 일부지원으로 시행됩니다.